hänssler

Peter Hahne

WAS IST MEIN LEBEN WERT?

hänssler-Taschenbuch
Bestell-Nr. 392.853

ISBN 3-7751-2853-0

Völlig überarbeitete und aktualisierte Neuauflage 1997.
Die früheren Auflagen erschienen als TELOS-Taschenbuch
mit der Bestell-Nr. 70.712.
Gesamtauflage 1997: 790 000

Umschlaggestaltung: Stefanie Bunner
Titelfoto: Mauritius; Teutopress
Fotos Innenteil:
Bongarts Sportfotografie: S. 54, 55; Mauritius: S. 13, 19, 38;
Harald Meinerth: S. 57; MEV: S. 6, 9, 15, 30, 34, 43, 50
Printed in Germany

INHALTSVERZEICHNIS

Inhaltsverzeichnis

Lebenswertes Leben?

»Freunde, das Leben ist lebenswert...« Ist das nur eine wahrheitsferne Operettenarie in Franz Lehárs »Giuditta«? Nur etwas für Leute, die mit einer Maske die Realität verbergen und ihr Publikum für Stunden in eine heile Welt entführen? Ist das Leben ein dramatisches Schauspiel mit bangem Warten auf ein Happy End?

Oder stimmt es wirklich, dass das Leben es wert ist, gelebt zu werden?

Die Antwort auf diese Frage entscheidet alles. Davon hängt alles ab, ob ich weiß: Mein Leben ist nicht umsonst, ich bin kein Rädchen im Getriebe der Zeit, keine Nummer wie beim Finanzamt, kein auswechselbares Requisit auf der großen Bühne der Welt.

»Freunde, das Leben ist lebenswert...« Wirklich? Oder hat nicht Albert Camus recht, der Meursault, den Helden seines Dramas »Der Fremde«, sagen lässt: »Jeder weiß, dass das Leben nicht lebenswert ist«?

Die Frage nach dem Wert des Lebens drängt auf Antwort. Denn sie entscheidet darüber, in welchem Rahmen mein Dasein verläuft. Wer sich dieser Frage stellt, beginnt Gleise zu legen für seine Zukunft.

Eines sollte aber von vornherein klar sein: Nur der wird ein sinnvolles Leben führen, dessen Antwort nicht hinter einer Maske, sondern in der Wahrheit lautet: »Freunde, das Leben ist lebenswert...«

Im Folgenden will ich Ihnen sagen, warum mein Leben einen Wert hat. Meine Karten lege ich Ihnen offen auf den Tisch: Ich möchte, dass auch Sie den wahren Wert Ihres Lebens entdecken. Und verlassen Sie sich darauf: Es ist der Höchstwert!

Peter Hahne

DAS LEBEN – WEGWERFWARE?

Das Leben – Wegwerfware?

In meiner Wohnung sitzt mir Manfred gegenüber. Ein klasse Kerl! Er spielt gern Fußball, und nächstes Jahr will er sein Abitur machen. Manfred ist gerade 18 geworden, hat den Führerschein gemacht, hat von seinen Eltern ein Auto bekommen und ist damit auch vorgefahren. Toll, könnte man meinen. Manfred ist jung. Er hat sein Leben noch vor sich. Er kann etwas daraus machen. Er kann sich jetzt einen Beruf aussuchen, der ihm Spaß macht. Er kann jetzt Gleise legen für seine Zukunft. Aber ich blicke in traurige und leere Augen. Und ich höre Manfreds Geschichte.

Ich bin zusammen mit meinem Bruder aufgewachsen, der zwei Jahre jünger ist als ich, berichtet er. Uns hat es materiell an nichts gefehlt. Unsere Eltern haben uns alles gegeben, was wir haben wollten. Wir haben ein großes Geschäft. Nur eines haben wir nie bekommen: Liebe und Zeit, dass wir uns einmal aussprechen konnten, dass wir gemerkt hätten, wir sind akzeptiert von unseren Eltern. Als wir klein waren, musste sich eine Tante um uns kümmern. Später waren wir auf uns allein gestellt. »Die Jungens müssen früh genug selbständig werden, damit sie später im Leben ihren Mann stehen können«, meinte Vater immer. »Später holen wir das alles nach, wenn das Geschäft ausgebaut ist und wir Zeit haben«, fügte Mutter hinzu. Später, später! Manfred guckt mich an. »Wissen Sie, wir hatten niemanden, der sich um uns kümmerte. Wir hatten niemanden, der nach uns fragte. Da war keiner, der uns wirklich liebte, auch nicht einer.«

Und dann fassen beide Brüder einen dramatischen Entschluss. Der Tag X ist der Geburtstag des Jüngeren.

Bis dahin werden in strategischer Planung aus den Apotheken der Nachbarorte starke Schlaftabletten gekauft. Systematisch und geplant. Der Tag X rückt näher. Und am Abend des Geburtstages, den die Eltern übrigens vergessen hatten, fahren beide in den nahe gelegenen Wald.

»Wir sollten Schluss machen, gemeinsam. Welchen Wert hatte denn unser Leben noch, wo wir doch nur uns selbst hatten! Keine Liebe, kein Verständnis, keine Geborgenheit! Und dann ging alles schnell. Als die Tabletten runter waren, waren wir eigentlich erleichtert. Aufgewacht bin ich im Krankenhaus. Wo ist mein Bruder? Ihn hatte es erwischt! Für ihn war es zu spät, als ein Waldarbeiter uns am frühen Morgen zufällig fand.«

Manfred schaut mich mit fiebernden Augen an. »Warum musste ich denn überleben, warum bin ich nicht auch draufgegangen? Jetzt bin ich ganz allein. Denn zu Hause wird sich sowieso nichts ändern. Welchen Sinn hat denn mein Leben noch?«

Da sitzt mir ein junger Mann gegenüber. Zusammen mit seinem Bruder wollte er sein Leben wegwerfen, wie es Tausende Jahr für Jahr in unserem Lande tun! Er wollte Schluss machen. Man hat ihn dann jedoch rechtzeitig gefunden. Jetzt treibt ihn nur ein Gedanke: »Ich muss meinem Bruder folgen. Ich muss es noch mal versuchen.« Da sitzt Manfred und stützt seinen Kopf auf die Knie: »Mein Leben ist sinnlos, da ist keiner, der sich um mich kümmert. Da ist keiner, der mich liebt. Mein Leben ist wertlos. Ich kann es wegwerfen wie Müll in die Tonne!« Wie Müll in die Tonne! Ist das Leben Wegwerfware?

DAS LEBEN – SPITZENWERT!

Das Leben – Spitzenwert!

Dann habe ich Manfred aus der Bibel erzählt. Denn wo sonst wird uns so viel vom Menschen berichtet wie in Gottes Wort?! »Gott schuf den Menschen zu seinem Bilde« (1. Mose 1, 27). Manfred, als Gott diese Welt ins Leben rief, da hat er als Krönung den Menschen geschaffen! Er hat dem Menschen einen Wert gegeben, wie ihn keine andere Kreatur in diesem Kosmos hat. Der Mensch ist Gottes Ebenbild! Als Gott dich geschaffen hat, hat er gesagt: »Das ist Manfred, mein Ebenbild. So will ich Manfred haben, als mein Spiegelbild, als mein Gegenüber.« Der ewige Gott, der den Kosmos gemacht hat, der die Geschichte lenkt, der die Haare auf dem Haupt gezählt hat und den Sand am Meer, dieser ewige, lebendige Gott hat vor 18 Jahren den Entschluss gefasst: Ich erschaffe Manfred zu meinem Bilde. Manfred soll mein Partner sein. Mit ihm will ich reden, ich will ihm helfen, ich will ihm sagen, was gut für ihn ist. Ich will sein Leben groß anlegen, denn es ist überaus wertvoll. Er ist ja mein Ebenbild.

»Keiner kümmert sich um mich, keiner hat Zeit für mich, keiner liebt mich ...« Manfred, das stimmt nicht, das ist nicht wahr. Zumindest einer ist da. Und das ist kein Geringerer als der Herr dieser Welt. Vertrau dich ihm an, akzeptiere dich selbst als der, der du bist: Ebenbild Gottes. Manfred, du wolltest Schluss machen mit deinem Leben. Das kann jetzt der Anfang werden für ein neues Leben. Dein Leben ist keine Wegwerfware, sondern du hast einen Spitzenwert: Ebenbild Gottes.

Diese Geschichte durfte ich weitererzählen. Und ich

weiß nicht, wie viele Leser dieser Zeilen es gibt, deren Geschichte Manfreds Geschichte ist. Vielleicht nicht so dramatisch, aber im Tiefsten doch identisch. Wen unter uns treibt denn diese Frage nicht um: Wer bin ich eigentlich? Wozu bin ich da? Nur um ein paar Leistungen zu erbringen? In der Schule büffeln, um einen guten Notendurchschnitt zu kriegen? Im Beruf bloß nicht auffallen, um meinen Arbeitsplatz nicht zu riskieren? Wer bin ich denn? Bloß ein Rädchen im Getriebe der Zeit? Eine Nummer wie beim Augenarzt?

Was ist denn nun der Wert meines Lebens? Drei Gedanken, drei wichtige Punkte dazu möchte ich Ihnen weitergeben. Beim vierten Punkt ist Ihre Antwort entscheidend; nur Sie selbst können sie hinzusetzen.

1. GOTTES ZUSAGE

1. Gottes Zusage

Gottes Zusage an dich lautet: Du bist jemand. Du bist mein Ebenbild. Hör auf mit deinen Minderwertigkeitsgefühlen, aber auch mit deiner Selbstüberschätzung. Gott schuf den Menschen nach *seinem* Bilde!

Der Mensch – Gottes Ebenbild

Wenn das stimmt, sind wir keine Nummern. Gott nimmt ein Wesen aus der riesigen Fülle der Geschöpfe heraus. Eines, den Menschen, und er macht es sich zum Spiegelbild. Gott hat sich von Anfang an den Menschen als Gegenüber gewählt. Er spricht ihn an, und er lässt sich von ihm ansprechen. Das ist die Würde des Menschen, herausgehoben zu sein aus der ganzen übrigen Schöpfung.

Da kommen die Affentheoretiker und Evolutionsideologen nicht mit! Da scheitert jede andere Definition des Menschen. Wer den Menschen für weniger hält als »Bild Gottes«, der öffnet damit auch Tor und Tür zur Vernichtung sogenannten lebensunwerten Lebens. Und das können wir noch so schön kaschieren als humane Euthanasie oder sozial indizierten Schwangerschaftsabbruch. Wer weniger sagt als »Bild Gottes«, der weiß im Tiefsten nichts vom Menschen. Denn das ist Gottes Zusage an uns: »Du bist mein Ebenbild. Du bist mein Partner.«

Was den Menschen auch immer von anderen Kreaturen unterscheidet, eines hat er mit ihnen gemeinsam, und zwar das, was ihn von Gott unterscheidet: Er ist geschaffen. Wie alle andere Kreatur ist er unselbständiges Sein, Geschöpf. Damit ist jede Anmaßung ausgeschlossen. Die Besonderheit des menschlichen Lebens aber liegt darin, dass er nicht nur *von* Gott, sondern *in* und *zu* Gott geschaffen ist. Durch die Zusage Gottes »Du bist mein Ebenbild« unterscheiden wir uns grundsätzlich von aller anderen Kreatur.

Und hier müssen wir »Zusage« ganz wörtlich nehmen. Gott »ruft« ins Dasein (1. Mose 1; Röm 4, 17), was allein beim Menschen im Sinne des Wortes zutrifft: Dem Anruf Gottes steht die Antwort des Menschen gegenüber. Von daher haben wir ein verantwortliches Leben. Wir stehen in einem Ich-Du-Verhältnis zu Gott. Genau hier erfährt der Mensch seinen einzigartigen Wert. Herausgehoben aus aller anderen Kreatur, herausgehoben aber auch aus der Menschenmasse.

Das ist die Individualität des Menschen, dass er aus der Personalität Gottes sein eigenes Personsein erhält.

Jeder Einzelne steht als Individuum vor Gott. Er ist durch Gottes »Anruf« sein Ebenbild geworden und hat sich seinem Schöpfer dafür zu verantworten. Bei Gott gibt es keinen Kollektivwert, der die Masse zu Marionetten macht. Aber auch keinen falschen Egoismus, der den Eigenwert über den der anderen hebt. Gerade aus der Ebenbildlichkeit des Menschen zu Gott ergibt sich das Offensein für den Mitmenschen. Denn der Nächste hat ja an der gleichen Gottesebenbildlichkeit teil.

Jeder Mensch hat seinen persönlichen Wert darin, dass er Gottes Ebenbild ist und damit in ein ganz besonderes Verhältnis gesetzt ist: Gott verantwortlich und dem Nächsten verpflichtet.
Der Mensch steht in Beziehung zu Gott. Ob er das wahrhaben will oder nicht. Leider weist er gerade das oft von sich, was zwei fatale Folgen hat. Zum einen wird er nie seinen großartigen Lebenswert erkennen und dauernd im Abseits bleiben. Zum anderen wird er dann, wenn Gott ihn zur letzten Verantwortung zieht, ins Abseits gestellt – ewig.

Der Mensch – ein Entwurf Gottes

Die Bibel hat kein fest umrissenes Menschenbild. Vielmehr zeigt sie sein Wesen unter verschiedenen Aspekten, in wechselnden Bezügen. Man könnte das mit einer »Wertpyramide« vergleichen. Der Mensch ist wie ein hierarchisch gebautes »System«, ein Entwurf Gottes.

Wir sind zuallererst *endliche Wesen.* Aus Erde geschaffen, werden wir auch wieder zu Erde. So groß der Mensch auch angelegt ist von Gott, so klein bleibt er doch vor ihm. Gott setzt meiner Existenz Grenzen. Er setzt meinem Leben ein Ende. Die Konfrontation mit dem Tod gehört in unser Leben hinein. Wir verdrängen das. Der Tod wird aus dem Haus in die Intensivstation verlegt. Selbst das Altern der Eltern können viele nicht mit ansehen. Aber dafür gibt es dann ja »Seniorenruhesitze«... Der natürliche Verfall des Menschen wird kosmetisch verschleiert. Eine ganze Industrie lebt davon. Trotz aller Maskerade aber gilt: Wir sind Kandidaten des Todes. Diese Wahrheit erschreckt manche.

Eine weitere Tatsache charakterisiert uns: Der Mensch gehört ins Biologiebuch. Er ist nämlich ein *Lebewesen*, gesteuert von Trieben und Hormonen, mit Durst und Hunger wie alle anderen Lebewesen auch.

Aber Gott hebt dieses Erd- und Lebewesen Mensch aus aller Kreatur heraus. Der Mensch ist mehr als 68 Prozent Wasser, 20 Prozent Kohlenstoff, 6 Prozent Sauerstoff und 4 Prozent Aschebestandteile. Er ist *Mandatsträger Gottes*. Er »bebaut und bewahrt« (1. Mose 2, 15) diese Welt, er gestaltet und verwaltet. Gott überträgt Verantwortung, aber er bleibt der »Chef«. Dem Menschen aber gibt er die Position des Geschäftsführers. Und das ist kein Job, sondern ein Beruf. Zu unserem Geschöpfsein gehört die Berufung Gottes, über die Kreatur zu herrschen.

So ist auch die Bewältigung der Naturkräfte von Gott gewollt. Jedoch wird dann aus Segen Fluch, wenn das Geschöpf seinen Auftraggeber vergisst und ihm die Naturkräfte aus der Hand gleiten. Die bittere Erfahrung, die Alfred Nobel mit dem Dynamit, Otto Hahn mit der

Atomkernspaltung und Andrej Sacharow mit der Wasserstoffbombe machen mussten, umreißt der Physiker und Nobelpreisträger Werner Heisenberg richtig: »Die Naturwissenschaft in den Händen autonomer Menschen macht uns kaputt.« Segensreiche Entwicklungen der Technik werden Instrumente des Krieges, wenn sie Leuten in die Hände fallen, die ohne Bindung an Gott leben. Eine Einsicht, die Albert Einstein dazu veranlasste, bestimmte Erfindungen unveröffentlicht mit ins Grab zu nehmen.

Wem Gott ein Amt gibt, dem gibt er auch Verstand. Bis heute frage ich mich, warum dieses tiefsinnige Wort ausgerechnet von parlamentarischen Mandatsträgern belächelt wird. Es stimmt! Der Mensch ist ein *denkendes Wesen*. Er ist begabt mit Vernunft. Lesen Sie genau: begabt. Vernunft und Verstand sind eine Gabe Gottes. Aber dem Denken gebührt weder Mittelpunktstellung noch autonome Selbständigkeit. Der Verstand ist eingeordnet in die Beziehung des Menschen zu Gott. Er hat sich zu verantworten. »Mein Verstand soll den Menschen nützen, hat sich aber vor Gott zu verantworten«, sagte einmal der große deutsch-amerikanische Raketenforscher Wernher von Braun. Dem Mandatsträger Mensch wird zur Ausübung seines »Amtes« Verstand mitgegeben. Der Mensch soll denken.

Einen weiteren Wert ordnet die Bibel dem Menschen zu. Er wird als *Sozialwesen* verstanden, als Gesellschaftswesen. Und das ist keine Erfindung des Marxismus, sondern eine Wertsetzung Gottes: »Es ist nicht gut, dass der Mensch allein sei« (1. Mose 2,18). Gott stellt uns in einen Lebenszusammenhang mit unseren Mitmenschen. Jeder hat jedoch in sich seinen Individualwert. Aber als Menschen gehören wir zusammen. Die Krönung zwi-

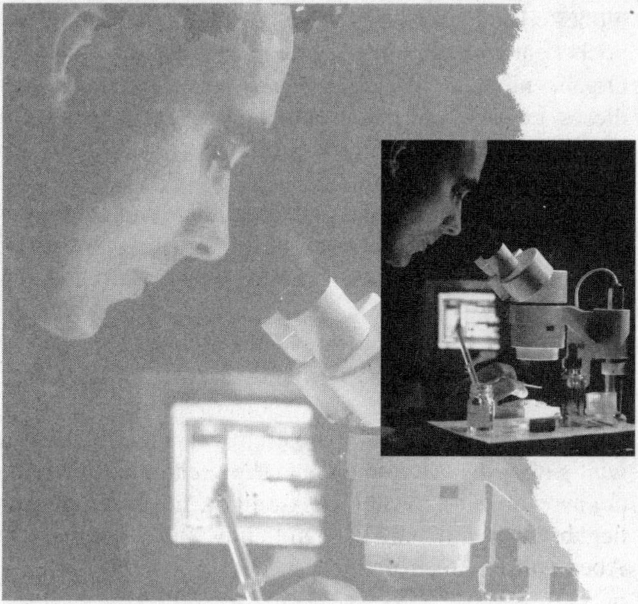

schenmenschlicher Beziehungen ist die von Gott verordnete Verbindung von Mann und Frau.

Das alles sind wir als *Wesen vor Gott*, als Ebenbilder des Schöpfers. Diese Gottesbeziehung ist die Spitze der »Hierarchie«. Von hier aus wird alles eingeordnet. Nur dies bewahrt uns vor der Überbewertung oder gar Absolutsetzung einzelner menschlicher Lebensbereiche. Der Mensch ist ein Entwurf Gottes. Allein in Verbindung mit ihm kann er seine Funktionen richtig erkennen, einordnen und ausüben.

Gottes Wertsetzung überragt damit alle anderen, auch und gerade die idealistischen Wertsetzungen des Menschen. Wer das Leben nur als ein Stück Natur, als bloßes »Bios« bewertet, sieht zwar im Menschen die höchst entwickelte Materie, aber er wird dann, wenn die Organe nicht mehr richtig funktionieren, den Unwert dieses Lebens proklamieren. Ein Rückblick in unsere Geschichte zeigt, wohin das führt.

Genauso wird die Betonung individueller und bindungsloser Eigenständigkeit und absoluter Autonomie zu einer falschen Bestimmung des Menschen führen. Auch wenn man dies mit dem schillernden Begriff »liberal« kennzeichnet, sind »Rechte« auf Freitod, Euthanasie und Abtreibung die Folge.

Die marxistische Kollektivbeurteilung sagt ebenfalls zu wenig über den Menschen aus. Hier gelten Entpersönlichung, Unfreiheit und Gewissensknechtung. Denn nur der ist lebenswert, der dem Kollektiv, dem Volk und der Klasse nützt.

Wie hohl klingen doch diese Wertschätzungen gegenüber Gottes Wertsetzung: Du bist mein Ebenbild. Wir selbst können nur schätzen, was wir wohl wert sind. Der Schöpfer aber kann Werte setzen. Und diese Wertsetzung hält er nicht geheim, sondern spricht schon die ersten Menschen als seine Partner an. Der Mensch im Dialog mit Gott, der Mensch in Verantwortung vor seinem Schöpfer: Zusage und Antwort. Gottes Wertsetzung stempelt mich zu seinem Eigentum. Auf mir liegt als Siegel das einmalige Hoheitszeichen: Du bist mein Eigentum, du gehörst zu mir, du hast absoluten Wert.

Gott hat keine unerwünschten Kinder

Die Bibel kennt viele »Wertmesser«, die die Einmaligkeit unseres Lebens beschreiben. Es lohnt sich, einmal den achten Psalm zu lesen. Oder auch Psalm 139. Hier kann ein Geschöpf seinem Schöpfer sagen (V. 14): »Ich danke dir dafür, dass ich wunderbar gemacht bin.« Natürlich, denn es ist ja schließlich sein Ebenbild.

Und doch fragen viele: Gott, warum hast du mich denn so gemacht? Warum habe ich nicht die Gaben des anderen, der so gut reden, lernen und arbeiten kann? Warum komme ich bei den anderen nicht so gut an? Gott, warum bin ich nicht so schön und sympathisch? Bin ich überhaupt gewollt? Bin ich nicht doch ein unerwünschtes Kind? Denken wir noch einmal an Manfred zurück, von dem ich zu Anfang erzählte. Das ist sein Problem. Das ist seine quälende Frage: Angst, letztlich doch unerwünscht zu sein.

Ich darf in den Spiegel sehen: Das bin ich, Gottes Ebenbild. Und ich darf in das Lob Davids in Psalm 139 einstimmen: *Du, Herr, hast mich wunderbar gemacht.* Ehe an mich zu denken war, hast du an mich gedacht. Ehe ich noch zum Leben erwachte, hast du mich schon gekannt. Schon als Embryo hast du mich gesehen. Du hast meine Nieren, mein Innerstes, Privatestes gebildet. Du hast mich gemacht, gesehen und – geliebt! Gott hat keine unerwünschten Kinder! So wie ich bin, bin ich von dir gewollt. Mit meiner Einmaligkeit, mit meiner Erbmasse, mit meiner Begabung und meinen Mängeln. Gerade als diesen Menschen hast du mich gewollt.

Deshalb kann ich »ja« zu mir selbst sagen. Die Gaben des anderen? Ich bin ich, von Gott so gewollt! Die Schönheit des anderen? Ich bin ich, von Gott so gewollt! ... Ich kann mich annehmen, wie ich bin. Minderwertigkeitskomplexe sind fehl am Platz. Ich danke dir, Gott, dass ich wunderbar gemacht bin. Nicht als Dutzendware, nicht unerwünscht. Gott hat keine unerwünschten Kinder.

Wir hatten festgestellt: Gottes Wertsetzung stempelt mich zu seinem Eigentum. Du gehörst mir, du bist mein Eigentum, du hast absoluten Wert – das ist Gottes Zusage an uns.

Gottes Anfrage

Dahinter klingt die unausgesprochene Frage: Willst du das? Die Verantwortung des Menschen vor Gott ist nichts Theoretisches. Hier wird zugesagt und auf Antwort gewartet. Gottes Ebenbilder sind keine hölzernen Puppen, keine Marionetten an göttlichen Fäden. Der Mensch bleibt in seiner Hand, in seinem Gegenüber. Kein Roboter allerdings, keine Maschine. Er ist ein »Ich«.

Wesensmerkmal des Menschen ist die Möglichkeit der Entscheidung, die Ausübung des freien Willens. Gott lässt seinem Geschöpf die Wahl, auf seine Wertsetzung zu antworten. »Ich bin der Herr, dein Gott« (2. Mose 20, 2). Damit ist der Mensch personal angeredet und auf Verantwortung angesprochen. Nicht zufällig folgen auf Gottes Anrede die Zehn Gebote. Damit wird von vornherein deutlich gemacht, dass dem menschlichen

Zusammenleben – mit Gott und den Mitmenschen – Leitplanken gelegt werden. Genauso wie man Gebote befolgen kann oder nicht, kann ich Gottes Zusage an mich bejahen oder missachten. Gottes Zusage steht ein für alle Mal fest. Steht meine Antwort noch aus? Das Schreckliche ist, dass der Mensch nie genug kriegen kann, dass er geradezu neurotisch die Extreme liebt und zwischen arroganter Vermessenheit und krankhaften Minderwertigkeitskomplexen hin- und herschwankt. Denn Gottes Zusage steht des Menschen Absage gegenüber.

2. DES MENSCHEN ABSAGE

2. Des Menschen Absage

Es hat dem Menschen von Anfang an nicht gereicht. Er hat nicht kapiert, dass der Schöpfungsakt Gottes, »Er schuf den Menschen zu seinem Bilde«, eine Würdigung, eine absolute Wertschätzung des Menschen ist. Er hat es als Demütigung empfunden. Und die Schlange im Paradies trifft genau ins Schwarze, wenn sie die ersten beiden Menschen negativ motiviert.

Da schleicht sich die unheimliche, die hinterlistige Macht des Bösen schmeichelnd und doch brutal an den Menschen heran: »Ebenbild und Partner Gottes, darauf kannst du pfeifen. Da bleibst du doch dauernd unterdrückt. Da bist du nur am Gängelband. Da kannst du dich doch nicht frei entfalten.« Und so säuselt die Schlange in einem wohlklingenden und betörenden Akkord aus Marxismus, Humanismus, Aufklärung und Liberalismus: »Du musst dich emanzipieren. Bau doch auf deinen eigenen Verstand. Du trägst doch die Wahrheit in dir. Befreie dich doch aus diesen antiquierten, mittelalterlichen, frommen Ketten. Gottes Ebenbild? Du kannst doch viel mehr haben. Du kannst so sein wie Gott.«

Emanzipation von Gott

Und schon der erste Mensch erteilt der Zusage Gottes eine radikale Absage. Das hat sich bis auf den heutigen Tag nicht geändert. Man will frei sein *von* Gott und selbst so sein *wie* Gott. Die Schlange lockt:»Ihr werdet sein wie Gott. Ihr werdet wissen, was Gut und Böse ist. – Ihr werdet *alles* wissen.«

Und mit »wissen« ist im biblisch-hebräischen Denken keine Theorie gemeint, sondern praktisches Können. Es geht nicht darum, den Großen Brockhaus im Kopf, sondern die große, weite Welt im Griff zu haben. Ebenbild Gottes, das ist den Menschen zu wenig. Gott sein, das ist alles. Man möchte souverän selbst entscheiden, das Programm des Lebens selbst machen. Der Mensch, der große Selbermacher. Heute schwärmt man ja von den »Machern«, von den »Do-it-yourself-men«. Und es ist atemberaubend, was der Mensch alles machen kann. Der Mensch will autonom und autark sein, d.h. sein eigener Gesetzgeber und sich selbst genug.

Karl Marx hat einmal dem Sinn nach gesagt: »Solange der Mensch sein Dasein einem anderen verdankt, kann er nicht selbständig sein. Und erst recht nicht, wenn der andere ihn geschaffen hat.« Die logische Folgerung aus diesem Satz ist: Will der Mensch selbständig sein, auf seinen eigenen Füßen stehen, dann muss er aufhören, irgendeinem anderen irgend etwas zu verdanken. Dann muss er sich im Grunde selbst hervorbringen, sich selbst erzeugen. Von daher gibt es ja im Marxismus den abenteuerlichen Gedanken von der Selbsterschaffung des Menschen durch Arbeit. Danach hat sich der Mensch durch die Tätigkeit seiner Hände und seines Hirns aus der Tierwelt selbst emporgestemmt. Der Mensch hat sich selbst gemacht. Der Mensch, Schöpfer seiner selbst.

Damit hat sich der Mensch von der ersten Generation an losgelöst von Gott. Er hat sich abgesondert. Und das wird in der Bibel *Sünde* genannt. Und damit sind zunächst einmal keine einzelnen Unrechtstaten gemeint, sondern die Grundposition des Menschen. Sünde meint die Absage an Gott, das Dasein ohne Gott (Röm 3,23;

Gal 4,8; Eph 2,12). Sünde ist nicht das Nein zu einer Norm, sondern die Opposition gegen Gott (Röm 8,6 f.; Kol 1,21; Jak 4,4).

Diese Absage an Gott prägt unsere Welt und das Leben des einzelnen Menschen. Er ist autark geworden. Erst die Gesundheit, erst das Leben, erst die Karriere, erst die Gaben. Und wann kommt der Geber? Die Gaben werden genommen, und der Geber wird vergessen. Das ist Sünde. Absage des Menschen an Gott. Gott sind wir los. Wir sind eine gottlose Gesellschaft geworden. Und das hat weitreichende Folgen. Wir verhandeln hier ja nicht ein paar religiöse Belanglosigkeiten. Die Frage nach dem Lebenswert ist eben keine individuelle Schicksalsfrage, sondern hat immer auch Auswirkungen auf die Gesellschaft. Die Antwort prägt mein Verhalten anderen gegenüber. Welche Konsequenzen das haben kann, wurde einem Millionenpublikum beim Gladbecker Geiseldrama 1988 schaurig vorgeführt. Da sagte einer der Gangster, der später seine Geisel erschoss, vor laufender Kamera: »Mein Leben ist wertlos. Ich kann mich umbringen und andere gleich mit. Es ist mir alles egal.«

Emanzipation von Gott führt zur gnadenlosen Bindung an sich selbst. Der Leib versklavt uns. Was machen wir denn mit unserem Körper? Was fassen unsere Hände denn alles an? Wohin haben unsere Füße denn schon überall getreten? Die Seele und der Geist versklaven uns. Welche Gedanken sind es denn, denen du Tag und Nacht hinterhergehst? Neid und Hass versklaven uns. Autonomie führt zum Chaos. Wer Gott los sein will, geht die fatalste Bindung ein, die es gibt: Die Bindung an sich selbst, das Geschöpf.

Der *Mensch im Mittelpunkt.* Friedrich Nietzsche entwirft den Übermenschen. Schon die alten Griechen formulierten: »Vieles Gewaltige lebt, doch nichts, was gewaltiger ist als der Mensch« (Sophokles, Antigone). Der Mensch, das Maß aller Dinge. Nach Ernst Bloch glich der Mensch »bisher einer Wurzel, die noch nicht geblüht hat«. Jetzt soll er Gott abschütteln und sich selbst verwirklichen. Was man bisher von Gott aussagte, wird auf den Menschen übertragen. Ich erhebe mich zum Abgott.

Ich setze mich selbst absolut. Und das geht immer schief. Ich kann doch mein eigenes Leben letztlich nie selbst überblicken und bestimmen. Das kann nur der Schöpfer, dessen Bild ich bin.

Teilwertbestimmung – Ausverkauf des Lebens

Die Emanzipation von Gott treibt heute seltsame Blüten. Der autonome Mensch kämpft verzweifelt gegen das Gefühl der Sinnlosigkeit. Schon junge Menschen spüren etwas von der unheimlichen Macht des Gedankens, dass ihr ganzes Leben umsonst sein könnte.

Aus uns heraus können wir unserem Leben keinen absoluten Wert setzen, er muss gesetzt werden. Jedoch sind wir immer wieder dabei, Teilbereiche unserer Existenz in den Mittelpunkt zu rücken und damit die Sinnfrage nach dem Ganzen zu überspielen. Aber es ist doch logisch: Der Wert meines Lebens muss doch größer sein als der Wert eines Teiles, ja sogar der Summe aller Teile. Denn wenn ein Teil wertlos wird, würde damit ja auch mein Leben als solches ein »Muster ohne Wert«.

Als Grundgefühle unserer Zeit nennen die Psychologen Sinnlosigkeit und allgemeine Zielunsicherheit. Man weiß nicht, was das Leben soll und wohin es führt. Es fehlt die Perspektive, die das Weiterleben auch dann ermöglicht, wenn man in Teilbereichen des Lebens versagt. In »Wir Kinder des Methusalem« schreiben Le Compte und Parkinson: »Wer leben will, muss ein längerfristiges Ziel haben – mehr als eine Kreuzfahrt um die Welt nach der Pension, ein Amüsement für eine Woche, ein Buch für einen Monat. Eine Binsenweisheit, aber wie wenige halten sich daran!«

»That's the American way« (Das ist die amerikanische Art), mit diesen Worten zieht der 17-jährige Karim Thompson bei seiner Schulabschlussfeier in Waymouth (USA) einen Revolver aus seinem Anzug hervor und jagt sich vor rund 2000 Menschen eine Kugel durch den Kopf. Als er sich, vom eigenen Geschoss getroffen, am Boden krümmt, murmelt er noch: »Es gibt heute zu viele Probleme. Ich kann nicht mehr.«

Die Zahl derer, die mitten in unserer Überflussgesellschaft »nicht mehr können«, nimmt in atemberaubender Weise zu. Jährlich sterben in Deutschland mehr Menschen durch Selbstmord als bei Unfällen. Rund 14 000 sind es, die sich still pro Jahr selbst das Leben nehmen. Die Zahl der ganz jungen und der älteren Selbstmörder steigt dabei besonders stark, wie die traurigen Statistiken ausweisen. Pro Jahr wird also eine Kleinstadt ausgelöscht.

Eine Schreckensmeldung ging um die Welt: Allein an einem Januarwochenende haben sich in der japanischen Hauptstadt Tokio elf Jugendliche das Leben genommen. Ihre Motive: »...weil ich nicht mit meinen Freunden ausgehen durfte ... weil ich keine neuen Skier bekam ... weil ich nicht mehr Klassenbeste bin ...« Ist das Leben wirklich wertlos, wenn einem die Erfüllung eigener Wünsche verwehrt bleibt?

Im November 1996 fährt ein 17-jähriger Schüler, Sohn eines bekannten Millionärs, auf Klassenfahrt. Während des Aufenthalts in Rom kommen zwei Carabinieri ganz aufgeregt zum Lehrer gelaufen: sie hatten Jürgen tot aufgefunden, mit einem Strick aufgehängt. In seinem Abschiedsbrief schreibt der Junge, der in gutbürgerlichen Verhältnissen in einer »besseren Wohngegend« aufgewachsen ist: »Ich möchte nicht so werden wie mein Vater, der die Karriereleiter hochgestiegen ist und das Leben verpasst hat.« Der Lebenswert ist also mehr als Bankkonto und Berufserfolg.
Anfang 1995 gab es eine geheimnisvolle Selbstmordserie in Passau. Eines der Opfer, der 16-jährige Daniel, schreibt einen Abschiedsbrief an seinen Bruder, in dem es heißt: »Bücher, Musik, gute Literatur – alles half nichts mehr. Es war, als würde mein Herz nicht mehr schlagen.«
»I hate myself and I want to die«, war einer der letzten Songs des Sängers Kurt Cabain von der amerikanischen Rockgruppe ›Nirvana‹. Ihr Album ›Nevermind‹ wurde zehn Millionen Mal verkauft. »Ich hasse mich und möchte am liebsten sterben« – für Kurt Cabain waren das keine leeren Worte. Auf dem Gipfel seines Ruhms setzte er sich 1994 eine Schrotflinte an den Kopf und brachte sich um. Er hatte die ›Straße ohne Wiederkehr‹ erlebt: erst rackern für den Erfolg, dann der Rausch der Droge Ruhm, dann der Drogenrausch und dann das selbst gesetzte Ende. Der Lebenswert ist also doch mehr als die Summe aus Starruhm, Jugend und Lust.

Eine große Popzeitschrift kommentiert: »Gerade Rockmusiker haben einen Hang zur Selbstzerstörung, obwohl sie scheinbar alles haben: Geld, Ruhm, Spaß ...« Übrigens: Um ›Nachfolgeselbstmorde‹ der Fans zu verhindern, verbreiteten die US-Medien bewusst abschreckende Details von der Leiche des Idols, das nur noch durch Fingerabdrücke identifiziert werden konnte.

»Die tödlichen Krisen der Manager« titelte das politische Magazin 'Focus' in seiner letzten Ausgabe 1995. In der Woche nach Weihnachten hatten sich drei Prominente das Leben genommen: ein Daimler-Benz-Manager, ein Landrat und ein Konzert- und Theatermanager. »Die triste Winterzeit dürfte kaum verantwortlich sein«, heißt es in dem Artikel. Es seien die Lebenskrisen der drei gewesen, die wohl zum Selbstmord geführt hätten: Kündigung, Ehestress, Finanzprobleme. Wer nur Teilbereiche seines Lebens zum absoluten Wertmaßstab macht, der wird Pleiten und Enttäuschungen immer gleich als lebensbedrohend empfinden.

Die Antwort auf die Frage: »Was ist mein Leben wert?«, muss also meine *ganze* Existenz umfassen und nicht nur einen Teilbereich. Es gibt Leute, die klammern sich an ihren Beruf, Erfolg und Karriere, das macht das Leben wertvoll. Was aber, wenn die Pensionsgrenze kommt, die Arbeitslosigkeit den Platz wegradiert oder Krankheit die Karriereleiter beendet? Was ist, wenn die Freundschaft zerbricht, in der ich meinen Lebenswert sah? Wenn Kinder, in die ich Hoffnung setze, andere Wege gehen? Ist mein Leben dann wertlos?

Mit diesem Thema hat sich der Weltkongress für Gerontologie beschäftigt. Die Experten, deren Fachgebiet das Alter bzw. das Älterwerden ist, sind der Frage nachgegangen: Warum nehmen sich vor allem in den westlichen Industrie- und Wohlstandsstaaten so viele alte Leute das Leben? Zwei Antworten sind bemerkenswert. Einmal, dass alte Menschen in unseren Single- oder Ein-Kind-Haushalten keinen Platz mehr haben und im 'Lebensgefährtenkult' gar nicht mehr vorkommen. Schließlich aber, so sagen die Experten aus Soziologie und Medizin, habe die hohe Selbstmordrate auch ihren Grund darin, dass die Menschen ihren Lebenswert völlig falsch taxieren. Es bedeute nämlich für jemanden, der sein Leben immer nur danach bewertet hat, dass es immer schöner und besser wird – von Jahr zu Jahr, von Beförderung zu Beförderung, von Tarifabschluss zu Tarifabschluss immer besser – eine psychische Katastrophe, wenn sich die Kurve zu neigen beginnt. Leben muss also mehr sein als das, was ich daraus machen kann.
Der russische Philosoph Berdjajew bringt es auf den Punkt: »Ich darf die Mittel zum Leben nicht mit dem Leben selbst verwechseln. Arbeit und Beruf sind nicht Sinn, sondern nur Mittel des Lebens.« Der Mensch ist also mehr als die Summe seiner Daten.

Eine typische Teilwertbestimmung des Lebens ist die falsche Betonung der Sexualität. »Wer da etwas aufzuweisen hat, der ist in«, sagte mir ein Lehrling nach seinen Erfahrungen, die er im Betrieb mit den Erzählungen der Wochenenderlebnisse seiner Kollegen gemacht hatte.

Ein seltsames Glänzen liegt in Michaels Augen. »Ich bin restlos verliebt«, erklärt er mir. »Ich habe die Partnerin fürs Leben gefunden. Jetzt fängt mein Leben erst richtig an, wertvoll zu werden.« Man will sich noch nicht verloben. »Wir warten noch.« Wochen später ist das Glück wie eine Seifenblase zerplatzt. Der Glanz in Michaels Augen sind diesmal Tränen. Er berichtet mir, dass seine Freundin und er sich jetzt nicht mehr in die Augen sehen können. Es ist etwas passiert zwischen ihnen, was besser hätte unterbleiben sollen. Aber jetzt ist es zu spät. Michael ist aufs Ganze gegangen und hat damit die Freundschaft zerstört. Jetzt sitzt er vor den Trümmern seines Glücks. Und das Leben sollte doch jetzt erst richtig losgehen ...

Der Wert des Lebens liegt nicht im »freien« Ausleben der Sexualität, erst recht nicht außerhalb der Ehe. Auch wenn viele das heute propagieren. Echte Liebe bewährt sich im Wartenkönnen.

Wir beobachten im Augenblick ja eine interessante Trendwende. Während in den 70er und 80er Jahren ein Wort wie ›Treue‹ in die Mottenkiste des Mittelaltes verbannt und mit Hohn und Spott bedacht wurde, ist Treue jetzt wieder in. Daran ist nicht nur der Aids-Schock schuld. Eine Infratest-Umfrage von 1997 kommt zu dem überraschenden Ergebnis: Bei neun von zehn Jugendlichen findet Sex nur in einer festen Beziehung statt. Jeder zweite junge Erwachsene würde diese Beziehung sofort beenden, sollte er den Partner bei einem Seitensprung erwischen. Treue scheint wieder Trumpf.

Cliff Richard ist einer der populärsten Sänger unserer Zeit. Seit 40 Jahren führen seine Platten die Hitlisten an. Cliff Richard bekennt in Büchern und bei Evangelisationen, dass er Christ geworden ist. Auch in seinen Live-Konzerten hält er sich mit seinem Bekenntnis nicht zurück, am deutlichsten merkt man es bei seinen Plattentexten. Eine Schweizer Illustrierte fragte ihn einmal: »Was denkt der Christ Cliff Richard über Sex?« Antwort: »Ich halte nichts von Sex außerhalb der Ehe.« Frage: »Sind sie verheiratet?« Antwort: »Nein!« Frage: »Bedeutet das, dass Sie noch nie mit einer Frau geschlafen haben?« Antwort: »Ich halte mich einfach an die Bibel, die Geschlechtsverkehr außerhalb der Ehe ächtet.«

Der Wert des Lebens ist größer als »Erfolge« im Teilbereich Sex. Die Sexualität wird heute zu einem Hochleistungssport degradiert. Dabei scheint es sich jedoch um einen Marathonlauf zu handeln oder besser gesagt um eine Massenflucht.

Auf der Flucht

Wir ertragen es nicht, wenn wir gerade an der Stelle versagen, wo wir unseren Lebenswert taxieren wollten. Wir begeben uns auf die Flucht, damit die anderen es nicht merken. Nicht umsonst überschreibt der Dramatiker Samuel Beckett sein Lebenswerk mit dem lateinischen Satz: »Esse est percipi – sed non volumus percipi.« Sein heißt entdeckt werden; und das wollen wir nicht. Der Mensch ist auf der Flucht: auf der Flucht vor den anderen, vor sich selbst, vor Gott.

Einer dieser Fluchtwege nimmt heute beängstigende Ausmaße an: der Griff zur Flasche. Da flieht der Schüler vor schlechten Noten, die Hausfrau vor dem Alleinsein am Morgen und der Arbeiter vor dem Stress.

Die »Deutsche Hauptstelle gegen die Suchtgefahren« rechnet mit rund 3 Millionen Alkoholikern in Deutschland. Allein 20 Prozent davon sind Kinder und Jugendliche. Der statistische Durchschnittsbürger konsumiert pro Jahr 11,5 Liter reinen Alkohol. Auf Getränke umgerechnet bedeutet das pro Kopf und Jahr (1995): 137,7 l Bier, 6,5 l harte Spirituosen und 22 l Wein und Sekt.
Nüchterne Expertenbilanz über das hochprozentige Trinken: »Alkohol ist das größte sozialmedizinische Problem in Deutschland.« Und denkt man an die riesige Dunkelziffer bei der Zahl der Alkoholabhängigen, so ist die Zeitungsschlagzeile keineswegs übertrieben: »Deutschland – das Land der Trinker«.

Zwei Dinge zwingen zum Nachdenken. Zum einen wird mein einzigartiges Leben durch den Alkohol zerstört. Zum anderen kann ich meine quälenden Fragen nach Lebenswert und -sinn nicht im Schnaps ertränken. Mit der Flasche in der Hand sind noch nie Probleme gelöst worden. Oder will man gar nicht mehr lösen? Man will vergessen, fliehen, überspielen. Man wird mit den harten Realitäten des Lebens nicht mehr fertig. Flucht in den Rausch ist die Folge. »Freunde, das Leben ist lebenswert...« – so lallt man verbissen hinter einer Maske, die die Hilflosigkeit verbergen soll.
Neben die fast unaufhaltsame Lawine des Alkoholismus ist der ständig wachsende Konsum harter Drogen getreten. Auch hier gehen Flucht vor den Realitäten und Zerstörung des Lebens Hand in Hand. Meist fängt es »ganz harmlos« an: Eine Clique hockt in der Bude eines Freundes, eine Haschpfeife geht herum. Das Ende ist dann meist die tödliche Heroinspritze.

Vier Jahre lang hat Alfons R. (22), Direktorensohn aus Frankfurt, Haschisch geraucht. Dann kam der erste Kontakt mit Heroin. »Ich habe die Zimmertür abgeschlossen, eine CD eingelegt und mir den ersten Schuss gesetzt. Dagegen war Haschisch überhaupt nichts. Ich dachte nicht mehr an den Stress meines Studiums, an nichts mehr ... Das ganze Leben erschien mir einerseits herrlich, andererseits vollkommen unwichtig.«

Ein Blick in die Berliner Rauschgiftszene lässt erschrecken: Ulla sagt, sie sei 18. Dabei ist sie 16, sieht aber aus wie 30. Doch dass sie ihren 30. Geburtstag erlebt, glaubt sie selbst nicht. Ulla ist total hochgefixt, heroinsüchtig im vorgeschrittenen Stadium. Mehr als eineinhalb Gramm jagt sie sich Tag für Tag in die zerstochenen Arme. Heroin nimmt den Hunger. Ulla wiegt kaum noch 80 Pfund. Bei der Polizeirazzia fleht die kaum 16jährige den Beamten an: »Lasst mir wenigstens die letzte Spritze; nehmt mir doch nicht die einzige glückliche Stunde, die ich noch habe.« Es ist der »goldene Schuss«, wie ihn die Szene nennt: der Selbstmord mit einer Überdosis Heroin als letzte Konsequenz.

Modedroge Nr. 1 ist inzwischen »Ecstasy«. Zehntausende junger Leute nehmen die »Wochenenddroge«, meist in Discos oder bei Techno-Partys. Zunächst redete man sich ein, Ecstasy versetze nur ein wenig in Ekstase und sei relativ harmlos. Inzwischen weiß man, wie verheerend die Designerdroge in den jungen Körpern wütet. Die Mediziner diagnostizieren bei Ecstasy-Konsumenten Hirnschäden, Schüttellähmung, Halluzinationen, Koma, Hepatitis und sogar Schlaganfälle. Der Sänger der Popgruppe »East 17«, Brian Harvey, prahlte noch 1996: »Ich habe 12 Tabletten in einer Nacht genommen.« Doch jetzt warnt er Konzertbesucher eindringlich: »Ecstasy wird euch umbringen!« Ja, für Experten ist Ecstasy ein Killer.
Weltweit nehmen Drogenmissbrauch und Drogenkriminalität dramatisch zu. Allein in Deutschland sind rund 130 000 Menschen von harten Drogen wie Kokain oder Heroin abhängig. Steigende Tendenz auch bei der Zahl der Erstkonsumenten, denn für viele ist die Modedroge Ecstasy der Einstieg in den mörderischen Kreislauf.
Karl-Heinz B. stirbt mit 26 Jahren an einer Überdosis Heroin. Seinen Abschiedsbrief finden die Eltern in der Hosentasche. »Wer einmal richtig süchtig war, der kommt nie wieder aus dem Labyrinth heraus. Heute habe ich mir nun ein ganzes Gramm Heroin gedrückt, weil ich hoffe, diese Dosis wird mich töten. Da ich keine

Chance mehr für mich sehe, glaube ich, so ist es das Beste. Es tut mir leid. Verzeiht eurem Sohn Karl-Heinz!«

Stimmt das wirklich? Gibt es keine Rettung mehr, keine Chance? Ist das Leben eines Süchtigen wertlos? Ich habe junge Christen kennengelernt, die mir bezeugten: Durch den Glauben an Jesus Christus wurden wir von unserer Sucht befreit. Für Gott gibt es keine hoffnungslosen Fälle. Gott ist bereit, seinem Ebenbild in jeder Lage zu helfen.

Kommen wir noch einmal zu Manfred, von dem ich anfangs erzählte: »Keiner liebt mich, keiner kümmert sich um mich!« Das schreit doch nicht nur Manfred in das Dunkel jeder Nacht. Ich weiß nicht, wie viele Leser dieser Zeilen es sind, die hinter der Maske ihres gespielten Glücks arme Schlucker sind. Allein gelassen von der Welt und losgelöst von Gott. Und doch treibt uns alle eine geheimnisvolle Macht: der Hunger nach Leben.

Lebenshunger

Wenn man einen Fisch aufs Trockene setzt, würde er, könnte er sprechen, nach Wasser schreien. Es scheint mir, als säßen heute Tausende junger und alter Menschen »auf dem Trockenen«. *Und sie schreien nach Leben.* Die Absage des Menschen an Gott, die Emanzipation vom Schöpfer, die Teilwertbestimmung ohne das Ganze des Lebens, die Flucht vor den Realitäten – sie

alle gleichen einer Wüste, in der der Mensch nach Leben lechzt.

Es ist schrecklich, dass in unserer Zeit des technischen Fortschritts Millionen von Kindern sterben. Aber wie viele Menschen sind es, die innerlich abgestorben sind; die nicht mehr leben, sondern sterben! Sie sind wie Fische auf dem Trockenen.

Der große Schweizer Psychologe C. G. Jung nennt die innere Leere die »zentrale Neurose unserer Zeit«. Wie viele werden es sein, die auf der Suche nach ihrem Lebenswert dem amerikanischen Dichter Ernest Hemingway zustimmen: »Ich lebe in einem Vakuum, das so einsam ist wie eine Radioröhre, wenn die Batterien leer sind und keine Stromquelle da ist, um sie anzuschließen.« Udo Lattek gilt als erfolgreichster Fußballtrainer der Welt. Sechsmal wurde er mit Bayern München Deutscher Meister. Vor ein paar Jahren stieg er aus, zog sich in eine Einsiedelei an der Costa Brava zurück und sagte zur Begründung: »Mein Akku ist leer.«

Man spricht heute vom »Burnout-Syndrom«. Und es sind nicht nur Manager, die davon befallen sind. Es gibt sie in allen Altersklassen und Berufsgruppen, die »Ausgebrannten«, deren Batterien leer sind.

Antoine de Saint-Exupéry, der Pilot und Poet, Dichter des »Kleinen Prinzen«, schreibt – 43-jährig – in sein Tagebuch: »Mir geht mein Leben verloren. Niemals hatte ich bisher so stark das Gefühl, nutzlos zu sein.« Und die Schauspielerin Romy Schneider schreibt 1982 in ihrem Abschiedsbrief: »Ich kann alles auf der Leinwand, aber nichts im Leben.« Der Wiener Psychotherapeut Victor Emanuel Frankl spricht zu Recht vom »existentiellen Vakuum«, mit dem es die meisten Menschen heute zu tun haben. Ein Vakuum, das nach Füllung schreit – und sei es durch Teilwertbestimmung, durch Überbewertung einzelner Lebensbereiche. Oder man sucht einen Ausweg durch Flucht. So geht ein Strom resignierter Menschen über unseren Planeten. An einer Hauswand stand mit Kreide gekritzelt: »Öde ist das Leben. Der Alltag ist trist. Worin liegt der Sinn, dass du überhaupt bist?«

Der Hunger nach Leben ist die tiefe Sehnsucht von Menschen, die die Wertlosigkeit ihres bisherigen Daseins erkannt haben. Der Hunger nach Sinnerfüllung. Eine Untersuchung in den USA legt es zutage, wonach sich junge Leute sehnen. An 48 Universitäten wurden einige Tausend Studenten gefragt: »Worin sehen Sie das Ziel Ihres Lebens?« Darauf antworteten 16 Prozent: »To make a lot of money« – viel Geld machen, Karriere, Erfolg ... 78 Prozent aber gaben zur Antwort: »To find a meaning to my life« – den Sinn meines Lebens finden. Ich hoffe, dass dies auch Ihre Antwort ist.
Wir hatten festgestellt, dass Gottes Zusage lautet: Wir sind Gottes Ebenbilder, seine Partner. Wer Minderwertigkeitsgefühle hat, soll das wissen. Und wer sich selbst überschätzt, auch. Gottes Zusage steht die Absage des Menschen gegenüber: So nicht! Wir wollen mehr! Für Gott könnte die Sache nun erledigt sein. Aber unser Ende ist sein Anfang.

3. GOTTES NACHFRAGE

3. Gottes Nachfrage

Da stehen wir Menschen nun. Auf der einen Seite selbstgefällig unter der Parole: Es geht auch ohne Gott. Auf der anderen Seite verkümmert im Gefühl der Verlegenheit: für mich ist keiner da, ich bin einsam und allein. Was hat mein Leben denn eigentlich noch für einen Wert?

Angebot und Nachfrage

Vor einiger Zeit stand als riesige Schlagzeile über einer großen deutschen Tageszeitung: »Was ist ein Menschenleben wert?« Ich wollte das natürlich wissen. Eifrig begann ich zu lesen, und da hieß es: »Ein Menschenleben ist im Durchschnitt 408 000 Mark wert. Das eines Dreijährigen nur 28 548 Mark.« Einem Soziologieprofessor war von einem großen deutschen Automobilclub folgende Frage vorgelegt worden: »Welchen Gewinn verzeichnet eigentlich die Gesellschaft bei Verhinderung tödlicher Verkehrsunfälle?« Bei seinen Untersuchungen hat er festgestellt, dass der Wert des Menschen von seinem Alter und seiner beruflichen Qualifikation abhängt. Ein vollzeitbeschäftigter Mann ist 657 199 Mark wert, eine Hausfrau nur 216 000 Mark. Ein Zwanzigjähriger hat bei abgeschlossener Berufsausbildung einen Wert von 273 000 Mark. Also mit allem Dazugehörigen wie Bilderbücher, Arztbesuche, Kindergarten bis hin zum Eis am Stil und der Fahrt in die Ferien summiert sich das neben den Ausgaben für die Schule, für die Kleider und die anderen Dinge eben zu 273 000 Mark im Alter von 20 Jahren.

Der Mensch wird taxiert wie ein Gebrauchtwagen! Alte Knochen bringen weniger. Bessere Ausbildung bringt mehr! Und wenn man das Pech hat, als Frau auf die Welt zu kommen, werden gleich ein paar Prozent abgerechnet. Der Mensch wird verramscht. Dass wir hier nicht zum Fenster hinaus reden, dass diese unglaublichen Rechenexempel bittere Realität werden können, zeigt diese erschütternde Entdeckung: ein bayerisches Ehepaar wurde festgenommen, weil es per Internet Kinder für sado-masochistische Sexspiele angeboten hat. Sollte ein Kind dabei zu Tode kommen, müsste der Kunde 12 000 Mark »für die Beseitigung des Kadavers« bezahlen.

Das Spiel der Nullen macht aus Menschen Material. Und unter diesem letztlich tiefernsten Zahlenspiel fragt sich der Mensch, fragst du dich vielleicht: »Was bin ich denn nun eigentlich wert?«

Der Wert eines Artikels ist eigentlich nie eine objektive Sache, sondern er richtet sich immer nach Angebot und Nachfrage. Der Wert hängt also immer vom Käufer, vom Interessenten ab, wieviel er auszugeben bereit ist. Ein Auto kann auf dem Gebrauchtwagenmarkt hundertmal 3 000 Mark wert sein. Wenn niemand kommt und dreitausend Mark bietet, wenn sich also kein Käufer dafür findet, geht der Preis herunter und der Wert sinkt. Es gilt das Prinzip von Angebot und Nachfrage.

Kommen wir auf unser Leben zu sprechen, dann haben wir Gottes große Zusage: »Du bist mein Ebenbild.« Wir aber haben Gott eine Absage erteilt. Ist unser Leben deshalb wertlos?

Sehen Sie, und hier geschieht etwas Atemberaubendes.

CINCUENTA COLONES
DO BRASIL
MIL CRUZADOS
ZWANZIG DEUTSCHE MARK
AS194083774
636950
Central Bank of Sri Lanka

Gott gibt durch seine Nachfrage nach meinem Leben meinem Leben einen einzigartigen Wert. Gott will nicht, dass unser Leben vor die Hunde geht. Er hat uns ja gegenüber der Tierwelt geadelt. Gott sieht es traurigen Herzens mit an, wie aus Ebenbildern Karikaturen geworden sind. Aus Originalen billige Kopien.

Gott sieht, wie eine ganze Menschheit sich abquält, wie sie blutet und wie sie sich zerreißt. Gott sieht, wie du in deiner selbstgefälligen Autonomie kaputt gehst. Wie deine Sünden so sind, dass du bestimmten Menschen nicht mehr in die Augen schauen kannst.

Gott sieht, wie wir uns schweres Leid zufügen. Gott sieht, wie wir uns krampfhaft abstrampeln, damit aus uns noch etwas wird. Gott sieht, wie wir dauernd an uns herummäkeln und nicht zufrieden sind. Wir kennen ja dieses ständige Getue: »Ach wäre ich doch so wie der oder die!« Gott sieht es mit an, wie seine Partner, du und ich, sich immer weiter von ihm entfernen. Gott sieht, wie wir uns in den Mittelpunkt stellen. Wie wir Menschen, also das Geschöpf, vergöttern, aber den Schöpfer links liegen lassen.

Und was tut Gott? Er könnte sich zornig von uns abwenden und könnte sich ein neues Spiegelbild schaffen. Aber nein, er wendet sich uns zu. Obwohl wir uns längst abgewandt haben. Aber er macht das nicht mit einem saloppen Schulterklopfen nach dem Motto: Kopf hoch, wir versuchen es noch mal, und alles wird gut! Gott sagt auch nicht einfach: »Ich liebe euch.« Wie wir es oft so schnell daherplappern. Nein, Gott leistet sich keine Oberflächlichkeit. Er teilt keine Blumen aus. Dem lebendigen Gott blutet das Herz. Ihm ist es todernst, wenn es um unser Leben geht.

Gottes Verwandlung ins Menschenbild

In dieser verzweifelten Situation greift Gott zum letzten Mittel. Gott, der Schöpfer dieses Kosmos, der den Menschen zu seinem Bilde geschaffen hat, verwandelt sich jetzt in unser Bild!

Gott wird Mensch, in Bethlehem zur Zeitenwende. Das ist das einschneidendste Datum der Weltgeschichte. Deshalb fing auch eine neue Zeitrechnung an. Bethlehem – das ist keine Weihnachtsidylle im Duft von Zimtsternen und Bienenwachskerzen. Da ist nichts als die Armseligkeit eines Stalles. Und dort setzt der ewige Gott seinen Fuß auf diese Erde.

In dieser unvergleichlichen, überwältigenden Tat fragt Gott nach seinem Ebenbild. In Jesus Christus ist er selbst Mensch geworden. Gott gibt nicht auf. Gott lässt uns nicht einfach laufen. Er duldet es nicht, dass wir uns kaputt machen. Wir gehören nicht auf den Müll.

Ich sehe wieder Manfred vor mir, damals in meiner Wohnung. Manfred, sagt Gott, du kannst dein Leben nicht wegwerfen wie Müll in die Tonne. Du kannst es nicht verhökern wie der Chemiker: Zellulose, Eiweiß und Kalk gleich 10 Mark. Nein, du bist wertvoll! Du bist einmalig! Du bist ein Original! Du bist mein Partner.

Der ewige und heilige Gott sagt nicht einfach: Ich liebe euch. Nein, Gott reißt sich das Liebste vom Herzen, das er hat: seinen Sohn. Er schickt das Wertvollste, um nach uns zu fragen. Gottes Nachfrage macht dich ungemein wertvoll, weißt du das eigentlich? Weißt du eigentlich, dass Gott extra für dich seinem Sohn menschliche Gestalt gegeben hat? Und nicht nur das ist das Geheimnis Jesu. Er ist nicht nur Mensch geworden, er ist auch Fleisch geworden. Er ist hinein gekommen in unsere Verlorenheit und hat sie an sich gerissen.

Da kann jetzt keiner mehr daherkommen und meinen: Was soll denn so ein Gott, der uns nur Vorschriften macht, der nur mit erhobenem Zeigefinger auf uns einredet. Oder wie Manfred sagte: »Gott ist mir zu weit weg.« Gott lässt dich, sein Ebenbild, nicht im Stich. Er kam hinab in die ganze Tiefe menschlicher Verlorenheit. Und er hat die Hölle dieser Erde durchgemacht. Er kam in den Dreck, und er kam in die Tränen. Er hat es sich nicht bloß angeguckt, nur so von oben herab. Er hat das alles selbst durchgemacht.

Gott kam nicht auf Staatsbesuch. Wir kennen ja die Bilder aus dem Fernsehen, wenn hohe Gäste kommen, Könige und Präsidenten. Da wird Salut geschossen, der rote Teppich ausgerollt und der 600er Mercedes bereitgestellt. Da gibt es Eintragungen in Goldene Bücher, Einladungen und Gegeneinladungen, Austausch von Noten und wohlgesetzten Kommuniqués. Da wird höflich konferiert und interessiert besichtigt. Panzer rollen zur Parade und Kinder schwingen Fähnchen. Nicht zu vergessen die Beflaggung. Und dann liegt der rote Teppich zum Abflug bereit. Die Bilanz: Höflichkeiten wurden ausgetauscht, vieles wurde gesehen und gezeigt, aber alles im Abstand zur Bevölkerung. Es war eben ein Staatsbesuch.

Gott kam nicht auf Staatsbesuch. Als er Jesus Christus auf die Welt schickte, um die Menschen wieder zu sich einzuladen, gab es statt Gegeneinladung nur Abweisung, statt Nobelherberge einen Stall. Und die »Staatskarosse« war ein schlichter Esel.

Jesus hat nicht in distanzierter Höflichkeit die Elendsviertel seiner Zeit besichtigt. Er hat das Elend selbst durchgemacht. Er hat auch keine wohlgesetzten Floskeln gesagt, um niemanden auf die Füße zu treten. Jesus hat die Wahrheit verkündet – eine harte Herausforderung und doch die rettende Befreiung. Und er hat das nicht nur gesagt, sondern gelebt. Der, dem die Macht über sämtliche Heere des Himmels und der Erde zustand, hat nicht nur Erlösung gepredigt, sondern vollbracht.

Von Höchst- und Schleuderpreisen

Das *Kreuz* von Golgatha ist Gottes Preis für mein Leben. Hier hat Jesus Christus dein und mein Leben erkauft. Und zwar nicht zu Schleuderpreisen, sondern zum Höchstgebot. »Nicht mit vergänglichem Silber oder Gold ... sondern mit dem teuren Blut Christi« (1. Petr 1, 18f.).

Die, die unser Leben, unsere Seele wollen, die Idole und Ideologen, die Philosophen und Religionsstifter versprechen uns große Programme. Wenn es aber hart auf hart geht, steht uns auch nicht einer zur Seite. Da ist keiner, der uns hilft. Keiner von diesen großen Leuten, die wir anhimmeln, auch nicht einer. Alles nur religiöse und politische Schwätzer und Schwärmer.

Total anders bei Jesus Christus! Die Nachfrage Gottes

nach seinem Ebenbild kostet seinem Sohn das Leben. So wertvoll bist du! Jesus lässt sich kreuzigen, damit du leben kannst. So wertvoll bist du!

Wer diese Tatsache durchdenkt, wird merken, dass menschlicher Verstand dieses Geheimnis letztlich nicht fassen kann. Gott verwandelt sich in unser Bild. Der Schöpfer wird Geschöpf. Er wird Mensch in Jesus Christus. Der Tod seines Sohnes eröffnet uns das Leben. Der Tod Jesu Christi und sein Wort am Kreuz »Es ist vollbracht« gibt unserem Leben seinen einzigartigen Wert. Gottes Nachfrage gipfelt im Höchstgebot: dem Blut seines Sohnes. Vergiss das nicht: Du bist teuer erkauft (1. Kor 6,20)!

Was ist mein Leben wert? Um die Antwort zu bekommen, müssen wir uns also auf den Weg nach Golgatha machen. Hier hat Gott Letztgültiges gesagt zum Wert meines Lebens. Er hat seinen entstellten Ebenbildern die Möglichkeit der Erneuerung gegeben. Nicht im Sinne der Renovierung, sondern der radikalen Neuwerdung.

Gott verteilt auf Golgatha keine Ersatzteile für defekte Seelen. Er macht keine Kopie vom Original. Das ist das Geheimnis: Er stellt den alten Zustand wieder her und schafft damit etwas völlig Neues. »Ist jemand in Christus, so ist er eine neue Kreatur; das Alte ist vergangen, siehe, Neues ist geworden« (2. Kor 5, 17).

Gottes Nachfrage ist das Angebot der Vergebung unserer Absage an ihn. In der revolutionären Aktion der Menschwerdung Gottes fragt der ewige Herr durch seinen Sohn Jesus Christus nach meinem Leben. Und durch das Kreuz auf Golgatha schafft er eine Brücke zu sich zurück. Hier, wo Jesus im Todeskampf gerufen hat: »Es ist vollbracht«, gibt es Vergebung. *Meine Autonomie, meine Loslösung von Gott, meine Selbstwertsetzung, meine Flucht, mein Nein zu Gottes Zusage – durch das Blut Jesu Christi können sie vergeben werden* (1. Joh 1, 7).

Das ist das Höchstgebot Gottes für mein Leben. Mehr gibt es nicht. Die Religionen dieser Welt haben eine ganze Menge zu bieten, aber das Höchstgebot für mein Leben haben sie nicht. Die großen Führer der Menschheit kommen mit wertvollen Versprechungen, aber die Nachfrage Gottes vom Kreuz hat sie alle in den Schatten gestellt. Die Philosophen und Weisen haben dem Leben einen hohen Wert beigemessen und zur Lösung der Menschheitsfragen einen bedeutenden Beitrag geleistet. Aber Gottes Wertsetzung meines Lebens überragt sie alle.

Wir können alles abklopfen in dieser Welt. Da gibt es schillernde Angebote, faszinierende Nachfragen, packende Programme und attraktive Versprechungen. Sie alle blenden uns wie der Goldrausch die Amerikapioniere. Sie versprechen uns das Heil. Aber sie enttäuschen alle, weil das Heil woanders festgesetzt ist. Ihre Wertschätzungen sind zu wenig, weil der Wert schon längst gesetzt ist. Verglichen mit dem Höchstgebot Gottes sind sie Schleuderpreise.

Der Wert meines Lebens ist in Golgatha begründet. Das Kreuz Christi ist die höchste Wertschätzung meines Lebens, weil es Gottes gültige Wertsetzung ist. Den Schleuderpreisen dieser Welt setzt Gott den Höchstpreis entgegen.

Wer wagt es denn da noch, über Gott zu spotten? Und

wenn auch. Du kannst von Gott zur Tagesordnung übergehen, du kannst ihn ablehnen, du kannst an ihm vorbeileben. Ja, du kannst ihn sogar verlachen und verspotten, aber eines kannst du nicht: Du kannst nicht verhindern, dass Gott dich liebt. Und Gott verramscht unser Leben nicht wie ein Sonderangebot im Sommerschlussverkauf. Er bietet das Höchstgebot: seinen Sohn! Er lässt ihn sterben, damit wir wieder seine Partner sein können. Frei von Sünde, los von allen falschen Bindungen, nur noch gebunden an ihn. Denn Freiheit ohne Bindung gibt es nicht.

Fassen wir zusammen:

Fragen wir nach dem Wert unseres Lebens, so gilt Gottes einmalige Zusage: Du bist mein Ebenbild. Dem steht die Absage des Menschen gegenüber: Wir wollen mehr. Wir wollen so sein wie Gott. So sind aus Partnern Gegner, aus Ebenbildern und Originalen Karikaturen und Kopien geworden.

Aber Gott wendet sich nicht ab. Er wendet sich uns noch einmal zu. Er macht seine Nachfrage. Er bietet das Äußerste für mein kleines Leben. Mehr als Gold oder Silber: seinen Sohn.

Du hast die Chance, wieder Partner Gottes zu werden! Noch einmal denke ich an Manfred, den die Frage nach seinem Lebenswert quält. »Manfred, dein Leben ist wertvoll. Auch wenn andere dich verachten. Wenn du einsam bist, allein und verlassen. Manfred, da ist einer, der dich unendlich lieb hat. Da ist einer, der dich akzeptiert, so wie du bist. Da ist einer, der dich zu deiner Bestimmung zurückbringen will, dass du wieder Partner des ewigen Gottes wirst. Du, Manfred, da ist Jesus und er meint dich: Komm her zu mir, ich will dir neues Leben geben. Ich will in deine Verhältnisse kommen, in deinen Kummer, in deine Freuden, in deine Sorgen. Ich will in dein Leben kommen. Willst du das?«

Gottes Nachfrage ist wie ein Scheck. Er hat nur dann seinen Wert, wenn er gedeckt ist. Gottes Höchstpreis für mein Leben ist gedeckt. Ein für allemal: am Kreuz auf Golgatha! Er bekommt nur dann seinen Wert, wenn er eingelöst wird. Und da bist du am Zug! Es geht um des Menschen Antwort.

4. Des Menschen Antwort

Diese Entscheidung kann dir niemand abnehmen. Keiner kann über das Leben des anderen bestimmen. Hier sind wir selbst gefragt, jeder einzelne. Gottes Nachfrage fordert uns heraus. Sie fordert eine klare Entscheidung.

Wer bist du? Du bist Gottes Ebenbild. Du gehörst zu Gott. Wo stehst du? Vielleicht ganz weit weg von ihm. Dann komm doch zurück! Vielleicht stehst du ganz dicht bei ihm. Nur ein kleines Geheimnis, das ich nicht aufzugeben bereit bin, trennt mich noch von ihm. Entscheide dich doch endlich ganz und verbindlich für Jesus Christus! Bedenke: Es geht um die einmalige Nachfrage Gottes, aber auch um dein einmaliges, unwiederholbares Leben. Das ist der Ernst der Lage. Gott legt es in unsere Hand, ob wir den Wert unseres Lebens finden.

Was Idole wirklich wertvoll macht

Unvergessen für Fußballfans ist die WM 1994 in den USA. Die deutsche Nationalmannschaft muss sich schon früh geschlagen geben. Weltmeister wird schließlich Brasilien. Heute noch habe ich die Bilder vor Augen: Nach dem Abpfiff machen die Brasilianer keine Ehrenrunde, sondern einen Kreis und senken ihre Köpfe. Mitten auf dem Rasen, mitten im tobenden Stadion. Der Fernsehkommentator ist merklich verunsichert. Erst im Interview mit dem Wahlmünchner Jorginho wird das Geheimnis gelüftet: »Wir haben Gott für diesen großartigen Sieg gedankt und anschließend das Vaterunser gebetet.« Ein Bekenntnis, das um die Welt geht.

Der Brasilianer Jorginho, 1992 mit dem »Fairplay-Preis« des Weltfußballverbandes (FIFA) ausgezeichnet, hat fünf Jahre in Deutschland gespielt. Mit und dank Jorginho wurde Bayern München deutscher Meister. Aus seinem Glauben hat er nie einen Hehl gemacht. Auch nicht daraus, dass er früher seinen Lebenswert immer an der falschen Stelle gesucht hat: »Auf der Suche nach Glück fand ich es doch nicht. Ich verdiente viel Geld, fuhr tolle Autos und genoss das Nachtleben von Rio in vollen Zügen. Doch mein Herz war leer.«
Überzeugt hat ihn das Beispiel seines älteren Bruders. Der Alkoholiker und Familientyrann war Christ geworden und hatte sich plötzlich total verändert. Er war zufrieden, hatte Frieden – was mehr ist als bloße Befriedigung. Jorginho meint: »Ich hatte doch alles, was er nicht hatte: Geld, Ruhm, Frauen. Aber ich war unglück-

lich und er glücklich ...« Nach seiner Hinwendung zu Gott bezeugt der Fußballprofi: »Ohne Gott war ich ein jämmerlicher Kerl. Mit Gott bin ich ein ganzer Mann.«
Im Beruf das Beste zu geben, ist für Jorginho selbstverständlich. Aber er fügt gleich hinzu: »Ich spiele zwar sehr gerne Fußball und es ist für mich auch wichtig, zu gewinnen. Aber es ist nicht die Hauptsache. Ich kann ein Spiel verlieren, weil mein persönlicher Sieg nicht vom Fußball abhängt.« Nur ein steiler Glaubenssatz aus der Theoriekiste? Wie praktisch ein solches Bekenntnis werden kann, zeigt die Bundesligasaison 1992/93. Nach einem dramatischen Kopf-an-Kopf-Rennen an der Tabellenspitze gewinnt Werder Bremen vor Bayern München die begehrte Meisterschale. Bei Werder jedoch gibt es einen anderen kickenden Christen, mit dem Jorginho durch die christliche Vereinigung »Sportler ruft Sportler« verbunden ist: Wynton Rufer.
Der Neuseeländer mit dem Spitznamen »Kiwi« spielt inzwischen für Kaiserslautern.

Auf dem Gipfel der Karriere sagt Wynton Rufer vor Millionen TV-Zuschauern: »Der eigentliche Wettkampf findet nicht im Sport, sondern im Leben statt. Als wir die Deutsche Meisterschaft gewonnen hatten, wurde mir bewusst, dass ich durch Jesus Christus schon ein Sieger bin – genauso wie der 'Verlierer' Jorginho, der mit Bayern die Meisterschaft nicht erreichte. Mit seinem Tod am Kreuz hat Jesus den Sieg errungen ...« Da bezeugen zwei prominente Christen, deren Lebenswege über Kontinente hinweg nach Deutschland führen und die in unmittelbarem sportlichen Zweikampf gegeneinander stehen: Der Wert unseres Lebens ist mehr als Sieg oder Niederlage. Er ist in Jesus Christus beschlossen, in seinem Kreuz. Hier wird mit einem Mal ganz praktisch, was ich in den vorangegangenen Seiten dieses Buches meinte. Was Tore und Turniere, Preise und Pokale nicht vermögen, das schenkt Jesus Christus: Ein Leben, das es wert ist, gelebt zu werden.

Es war auf einem Spaziergang

Ein Erlebnis, das ich nie vergessen werde: Eines nachmittags gehe ich »um den Block«, frische Luft schnappen. Es ist Mülltag. Vor jedem Haus stehen die großen und kleinen Tonnen. Bei manchen steht der Deckel auf, weil der Behälter überladen ist. Vor einem großen Mietshaus stehen die Mülltonnen dicht gedrängt. Eine fällt mir auf, die in der Mitte, deren Deckel als einziger geöffnet ist. Eine Latte, so meine ich, ragt heraus. Aber da gibt es ja noch eine Querlatte ...

Ich schaue genauer hin und erstarre; in dem geöffneten Mülleimer sehe ich ein Kreuz. Nein! Nicht *ein* Kreuz, sondern *das* Kreuz – das Kruzifix.

Die übrige Tonne ist mit abgerissenen Tapeten gefüllt. Da hatten also Leute ihre Wohnung renoviert. Das Alte musste Neuem weichen. Die Tapeten mussten weg. Und das Kreuz hat man gleich mit in den Müll geworfen. Man ist ja schließlich fortschrittlich und lebt nicht mehr im Mittelalter... Aus der Renovierung wurde ein Rückfall in die Steinzeit. Und Fortschritt bedeutet hier: fortschreiten von der Wahrheit zu verhängnisvoller Dummheit.

Da liegt die gute Nachricht »Jesus starb für dich« im Mülleimer. Mir versetzt es einen Stich durchs Herz. Ob diese Leute wohl in letzter Konsequenz ahnten, was sie da getan haben? Ich muss daran denken, dass eigentlich viele Leute so handeln. Sicher, nicht ganz so auffällig. Aber sie verdrängen das Kreuz aus ihrem Leben. Sie renovieren sich in die Steinzeit. Für mich steht fest: Wer das Kreuz Christi mit Füßen tritt und seinen Tod in den Müll wirft, für den ist Jesus am Karfreitag umsonst gestorben. Aber er soll sich gewiss sein: Er lebt dann auch umsonst. Das Höchstgebot Gottes für mein Leben in der Mülltonne? Damit degradiere ich meinen Lebenswert weit unter den Nullpunkt! Dabei stehe ich bei Gott doch hoch im Kurs.

Kursverfall ausgeschlossen

Vor Jahrzehnten galt er noch in aller Welt als unumstrittene Leitwährung. In den 80er Jahren weigerten sich die Öllieferländer, ihn als Zahlungsmittel anzuerkennen. Der amerikanische Dollar war im Wert fast zur Unkenntlichkeit geschrumpft. Die Dollarkrise hat gezeigt, dass selbst die stabilste Währung keinen Dauerwert hat. Andere Währungen, wie der Schweizer Franken, stiegen im Kurs. Fachleute wissen, dass letztlich keine Währung vom Kursverfall ausgeschlossen ist.

Beständig im Kurs ist aber nur eines: unser Leben. Beim Leben gilt: Kursverfall ausgeschlossen. Denn höher als Ebenbild Gottes, höher als Nachfrage im Kreuz Jesu Christi kann keiner unser Leben setzen. Die Konjunktur der Religionen und Philosophien schwankt. Gott aber gibt das Höchstgebot zur Nachfrage nach uns. Mehr noch als Gold und wir wissen ja, wie wichtig die Goldreserven für die Stabilität unserer Währungen sind. Gott lässt seinen Sohn sterben, um unser Leben wertbeständig anzulegen. Bei Gott stehen wir hoch im Kurs. Sein Angebot ist ein gedeckter Scheck.

Nun gilt es, richtig zu reagieren, den Scheck einzulösen. Auf meine Antwort kommt es an, wenn Gott nach mir fragt.

Ich habe geantwortet. Meine Antwort steht fest. Und ich gebe sie mit den Worten eines Mannes, der im Dritten Reich in Berlin eingekerkert war. Ein Mann, dessen Leben menschlich gesehen wert- und hoffnungslos war. Der Strang wartete auf ihn. Aber aus seiner Zelle heraus schreibt er, Dietrich Bonhoeffer:

> Wer bin ich?
> Einsames Fragen treibt mit mir Spott.
> Wer ich auch bin, du kennst mich,
> *dein* bin ich, o Gott.

hänssler

Kein Grund zur Resignation

Hilfen zum Christsein

Tb., 64 S., Nr. 75.043, ISBN 3-7751-0814-9

Glauben will gelernt und trainiert sein, um entspannt und kreativ zugleich zu sein. Doch oft genug fühlen wir uns ausgelaugt und leer und lassen uns wieder resigniert zu Boden fallen. In diesem Buch finden Sie den neuen Startschuss, der Sie aus der Mattigkeit hochreißen will.

hänssler

Wer hätte das gedacht!

Tb., 64 S., Nr. 70.586, ISBN 3-7751-1529-3

Ein interessanter Blick hinter die Kulissen des bekannten Moderators. Peter Hahne berichtet von überraschenden Begebenheiten bei seiner Arbeit sowie von Gesprächen mit Kollegen, die mit Belanglosigkeiten beginnen und bei zentralen Glaubensfragen enden. 16 Erzählungen zum Selberlesen, Vorlesen und Darüberreden.

Kinder, Kinder

Kleine Begegnungen mit großer Wirkung

Tb., 64 S., Nr. 70.631, ISBN 3-7751-1602-8

»Wenn ihr nicht werdet wie die Kinder…«
Erlebnisse mit Kindern geben Hilfe für Glaube und Alltag. 14 Kurzgeschichten – ernst und humorvoll.

Bitte fragen Sie in Ihrer Buchhandlung nach diesen Büchern! Oder schreiben Sie an den Hänssler-Verlag, Postfach 12 20, D-73762 Neuhausen-Stuttgart.

hänssler

Israel erlebt

Tb., 96 S., Nr. 70.675, ISBN 3-7751-1763-6

Peter Hahne schildert Höhepunkte seiner zahlreichen Israelreisen. Rund 20 Kurzgeschichten – wie immer packend und aktuell, humorvoll und nachdenklich.

Die 5 Besten im Paket:

Peter Hahne Buchpaket
Leid – warum lässt Gott das zu?
Kein Grund zur Resignation
Wer hätte das gedacht?
Kinder, Kinder
Israel erlebt
Paket-Nr. 391.794

Bitte fragen Sie in Ihrer Buchhandlung nach diesen Büchern! Oder schreiben Sie an den Hänssler-Verlag, Postfach 12 20, D-73762 Neuhausen-Stuttgart.